Karl Marx für Beginner

Eine Einführung in die marxistische Theorie und ihre Relevanz im 21. Jahrhundert

Sora Pazer

Inhaltsverzeichnis

[EINFÜHRUNG: WARUM KARL MARX?](#) 3

[KAPITEL 1: EIN KURZER ÜBERBLICK ÜBER DAS LEBEN VON KARL MARX](#) 5

[KAPITEL 2: DER HISTORISCHE MATERIALISMUS – EINE NEUE SICHT AUF DIE GESCHICHTE](#) 6

[KAPITEL 3: KAPITAL, ARBEIT UND KLASSE – DIE GRUNDLAGEN DES KAPITALISMUS](#) 9

[KAPITEL 4: DAS KAPITAL UND DIE AKKUMULATION – WIE FUNKTIONIERT DAS KAPITAL?](#) 12

[KAPITEL 5: MARXISMUS UND IDEOLOGIE](#) 15

[KAPITEL 6: MARXISTISCHE GESELLSCHAFTSTHEORIE UND KRITIK DES STAATES](#) 18

[KAPITEL 7: MARXISMUS IN DER MODERNEN GESELLSCHAFT – RELEVANZ UND KRITIK](#) 21

[KAPITEL 8: POSTMARXISTISCHE THEORIEN UND ALTERNATIVE GESELLSCHAFTSMODELLE](#) 25

[KAPITEL 9: ZUSAMMENFASSUNG UND FAZIT](#) 28

[LITERATURVERZEICHNIS](#) 29

Abstract

Karl Marx für Beginner bietet eine umfassende Einführung in die zentralen Ideen und Konzepte der Marx'schen Theorie, die von historischen Materialismus und Klassenkampf bis hin zu Kapital und Ideologie reichen. Das Buch richtet sich an Leserinnen und Leser, die keine Vorkenntnisse in der marxistischen Theorie haben, und zeigt auf, wie Marx' Analysen des Kapitalismus und seiner sozialen Strukturen auch in der heutigen globalen Gesellschaft relevant sind. Neben den Grundzügen der Marx'schen Kapitalismuskritik werden moderne postmarxistische Ansätze behandelt, die Themen wie Hegemonie, radikale Demokratie und digitale Alternativen zum Kapitalismus aufgreifen. Das Werk lädt zur kritischen Reflexion über die Ursachen globaler Ungleichheiten und ökologischer Krisen ein und beleuchtet, welche Perspektiven Marxismus und postmarxistische Theorien für eine gerechtere und nachhaltigere Zukunft bieten.

Keywords: Akkumulation, Ausbeutung, Basis und Überbau, Demokratischer Sozialismus, Entfremdung, Fetischcharakter der Ware, Gesellschaftstheorie, Hegemonie, Historischer Materialismus, Ideologie, Kapitalismus, Klassenkampf, Marxismus, Mehrwert, Postkapitalismus, Postmarxismus, Produktionsverhältnisse, Proletariat, Solidarwirtschaft

Einführung: Warum Karl Marx?

Karl Marx gilt als einer der einflussreichsten Denker der modernen Gesellschaftstheorie und politökonomischen Analyse. Seine Schriften, die die sozialen und wirtschaftlichen Verhältnisse des 19. Jahrhunderts scharfsinnig kritisierten, haben über die Jahrzehnte hinweg nicht nur wissenschaftliche Disziplinen wie Soziologie, Politikwissenschaft und Wirtschaftstheorie geprägt, sondern auch die weltweite politische Landschaft nachhaltig beeinflusst. Von der Arbeiterbewegung bis hin zu gegenwärtigen Debatten über soziale Gerechtigkeit und wirtschaftliche Gleichheit – Marx' Ideen haben bis heute eine hohe Relevanz und finden Anwendung in der Analyse globaler Ungleichheiten, ökologischer Krisen und Fragen nach Alternativen zum Kapitalismus.

Marx' Bedeutung liegt nicht nur in seiner Analyse des Kapitalismus, sondern auch in seiner Fähigkeit, komplexe gesellschaftliche Mechanismen offenzulegen. Er sah den Kapitalismus als System, das die gesellschaftliche Ordnung nicht nur wirtschaftlich, sondern auch ideologisch prägt. Seine zentralen Begriffe – Kapital, Mehrwert, Entfremdung und Klassenkampf – bieten analytische Werkzeuge, um zu verstehen, wie gesellschaftliche Strukturen und Machtverhältnisse gestaltet werden und wie sich soziale und wirtschaftliche Ungleichheiten reproduzieren. Marx' Werk entstand im 19. Jahrhundert, einer Zeit großer Umbrüche, die von der Industrialisierung und den damit verbundenen sozialen Veränderungen geprägt war. Diese Epoche brachte nicht nur technischen Fortschritt, sondern auch eine Verschärfung der sozialen Gegensätze mit sich. Millionen von Menschen zogen in die Städte, um in Fabriken zu arbeiten, und waren oft menschenunwürdigen Arbeitsbedingungen ausgesetzt. Marx erkannte, dass diese Entwicklungen keine zufälligen Missstände waren, sondern strukturelle Probleme des Kapitalismus. Seine Analyse konzentrierte sich darauf, die ökonomischen Mechanismen offenzulegen, die diesen Prozess antreiben und die gesellschaftliche Struktur grundlegend beeinflussen. Im modernen Kontext zeigt sich Marx' Relevanz vor allem in der fortlaufenden Krise des Kapitalismus und den globalen Herausforderungen, die durch die fortschreitende Ausbeutung von Mensch und Natur entstehen. Die heutige Welt ist geprägt von globalen Wirtschaftsstrukturen, einer ungleichen Verteilung von Reichtum und zunehmenden ökologischen Problemen, die sich als systemische Folge des kapitalistischen Wachstumsmodells interpretieren lassen. Marx' Theorie liefert einen Ansatz, um diese Mechanismen zu verstehen und kritisch zu hinterfragen. Sie zeigt, dass die sozialen und ökologischen Krisen des Kapitalismus nicht als bloße Fehlentwicklungen, sondern als logische Konsequenzen eines Systems betrachtet werden können, das auf Ausbeutung und Akkumulation ausgerichtet ist.

Dieses Buch verfolgt das Ziel, eine Einführung in die marxistische Theorie zu geben, die Leserinnen und Lesern ohne Vorkenntnisse eine fundierte Grundlage bietet, um Marx' Ideen zu verstehen und deren Relevanz für die heutige Gesellschaft einzuordnen. Die Darstellung konzentriert sich darauf, komplexe Theorien auf verständliche Weise zu erläutern und sie durch Beispiele aus der modernen Gesellschaft zu veranschaulichen. Der Schwerpunkt liegt auf den zentralen Begriffen und Konzepten, die für Marx' Kritik des Kapitalismus grundlegend sind, darunter historische Materialismus, Mehrwert, Klassenkampf und Ideologie.

Zudem wird auf die Weiterentwicklungen der Marx'schen Theorien im Postmarxismus eingegangen, die wichtige Ergänzungen und zeitgemäße Perspektiven bieten. Das Buch lädt dazu ein, nicht nur die theoretischen Grundannahmen zu erfassen, sondern auch eine kritische Reflexion über ihre Anwendungsmöglichkeiten in der heutigen Welt vorzunehmen. Für Leserinnen und Leser, die sich mit den Ursachen und Mechanismen sozialer Ungleichheit auseinandersetzen wollen, bietet dieses Buch eine solide Basis. Es fordert dazu auf, die Funktionsweise des Kapitalismus kritisch zu betrachten und nach alternativen Gesellschaftsmodellen zu fragen, die auf sozialer Gerechtigkeit, ökonomischer Gleichheit und Nachhaltigkeit beruhen könnten. Die Leser erwartet somit nicht nur eine Reise in die Gedankenwelt von Karl Marx, sondern auch eine Anregung, den Blick für gegenwärtige und zukünftige Herausforderungen zu schärfen und über Wege jenseits des kapitalistischen Systems nachzudenken.

Kapitel 1: Ein kurzer Überblick über das Leben von Karl Marx

Karl Marx, ein Denker und Revolutionär, dessen Theorien die politischen und ökonomischen Diskurse des 19. und 20. Jahrhunderts nachhaltig prägten, wurde am 5. Mai 1818 in Trier geboren. Marx' Werk, insbesondere seine Analysen von Kapitalismus und Gesellschaft, beeinflusste nicht nur die Philosophie und Ökonomie, sondern etablierte auch einen paradigmatischen Rahmen, der bis heute als einflussreiche Theorie des sozialen Wandels gilt (Sperber, 2013, S. 32). Marx wurde als Sohn eines jüdischen Rechtsanwalts geboren, der später zum Protestantismus konvertierte – eine Entscheidung, die nicht nur aufgrund rechtlicher Zwänge getroffen wurde, sondern auch seine Haltung gegenüber Religion und Sozialstruktur prägte (McLellan, 2006, S. 15). Das Studium der Philosophie und Rechtswissenschaften in Bonn und später in Berlin führte Marx in die intellektuellen Kreise der „Jungen Hegelianer," die das hegelsche Erbe radikal neu interpretierten und die bestehende Ordnung kritisch hinterfragten (Carver, 2018, S. 77). Marx' Dissertation über die antike Philosophie der Natur bot ihm eine Plattform, um dialektische Konzepte zu entwickeln, die er später in seine Kritik an der politischen Ökonomie einfließen ließ (Wheen, 1999, S. 43). Eine der bedeutendsten Freundschaften, die Marx schloss, war die mit Friedrich Engels, einem Fabrikbesitzersohn und Sozialtheoretiker. Diese Verbindung war nicht nur ideologisch fruchtbar, sondern auch finanziell notwendig, da Engels Marx oft finanziell unterstützte, was Marx erlaubte, seiner Arbeit an den großen ökonomischen Werken nachzugehen (Hunt, 2009, S. 125). Zusammen veröffentlichten sie 1848 das „Manifest der Kommunistischen Partei," eine prägnante Zusammenfassung ihrer politischen Ideen und ein Dokument, das schnell zu einem Manifest für die sozialistische Bewegung avancierte. In diesem Text verankerten Marx und Engels die These, dass die Geschichte von „Klassenkämpfen" geprägt sei – eine Sichtweise, die den Grundstein für Marx' spätere Gesellschaftstheorie legte (Draper, 1994, S. 3).

Die Jahre, die Marx in Paris verbrachte, erwiesen sich als intellektuell fruchtbare Periode, in der er sich intensiv mit sozialistischen und ökonomischen Theorien auseinandersetzte. Hier vertiefte er seine Studien zur politischen Ökonomie und entwickelte erste Ideen zur Kapitalanalyse. Der Austausch mit französischen Sozialisten und die Beobachtung der Lebensbedingungen der Pariser Arbeiter verschärften Marx' Überzeugung, dass kapitalistische Strukturen die Wurzel von Ungleichheit und Ausbeutung seien (Carver & Thomas, 2017, S. 93). Diese Studien führten schließlich zu seinen Notizbüchern, die als die „Ökonomisch-philosophischen Manuskripte" bekannt wurden, in denen er zum ersten Mal das Konzept der „Entfremdung" darlegte – eine Theorie, die den inneren Widerspruch des kapitalistischen Arbeitsprozesses beschreibt (Marx, 1844/1964, S. 82). 1850 zog Marx nach London, wo er den größten Teil seines Lebens verbrachte. Die Umstände waren durch Armut und gesundheitliche Probleme geprägt, doch Marx widmete sich hier mit beeindruckender Disziplin seiner wissenschaftlichen Arbeit, insbesondere seiner Analyse der kapitalistischen Produktionsweise. Die erste Veröffentlichung von „Das Kapital" (1867) stellt einen Meilenstein dar, da Marx hierin die Mechanismen des Kapitals detailliert untersuchte und aufzeigte, wie der kapitalistische Akkumulationsprozess systematische Krisen und Ungleichheiten produziert (Heinrich, 2012, S. 157). Marx' Arbeit stützt sich auf das Studium von politischen und wirtschaftlichen Schriften und auf seine detaillierte Analyse der ökonomischen Daten des 19. Jahrhunderts, die er in der British Library zusammentrug (McLellan, 2006, S. 229). Dieser Zeitraum in Marx' Leben war jedoch nicht nur von akademischer Produktivität, sondern auch von familiären Schicksalsschlägen und ökonomischen Entbehrungen geprägt, was seine Arbeiten wohlmöglich noch weiter politisierte.

Marx' Gesundheitszustand verschlechterte sich in den letzten Lebensjahren zunehmend, und er starb 1883 in London. Seine Ideen jedoch lebten in der internationalen Arbeiterbewegung weiter und fanden Verbreitung in verschiedensten politischen Strömungen, die seine Schriften adaptierten und interpretierten, um gegen die als ungerecht empfundenen sozialen Verhältnisse des Kapitalismus vorzugehen (Sperber, 2013, S. 369). Der Einfluss von Marx erstreckte sich nicht nur auf sozialistische Parteien, sondern bildete die Grundlage für die sozialwissenschaftliche Analyse von Macht- und Herrschaftsstrukturen bis in die Gegenwart.

Kapitel 2: Der historische Materialismus – Eine neue Sicht auf die Geschichte

Der historische Materialismus, der von Karl Marx und Friedrich Engels entwickelt wurde, stellt einen revolutionären Ansatz in der Geschichtstheorie dar. Im Gegensatz zu den vorherrschenden idealistischen Interpretationen der Geschichte, die den Verlauf gesellschaftlicher Entwicklungen auf Ideen, kulturelle Werte oder das Handeln großer Persönlichkeiten zurückführen, konzentriert sich der historische Materialismus auf die materiellen Bedingungen des Lebens als treibende Kräfte der Gesellschaft. Marx postuliert, dass es die Produktionsverhältnisse und die damit verbundenen gesellschaftlichen Widersprüche sind, die historische Veränderung bedingen (Marx & Engels, 1846/1970, S. 24). Dieser Ansatz hat sich als grundlegender Perspektivwechsel in der Soziologie und politischen Ökonomie etabliert. Die zentrale Annahme des historischen Materialismus ist, dass die ökonomische Basis einer Gesellschaft – die Art und Weise, wie die Menschen die notwendigen Mittel zur Befriedigung ihrer Grundbedürfnisse produzieren – die gesellschaftliche Überbau-Struktur determiniert. In diesem Sinne unterscheidet Marx zwischen „Basis" und „Überbau": Während die „Basis" aus den Produktionsverhältnissen und -mitteln besteht, umfasst der „Überbau" die ideologischen, politischen und kulturellen Institutionen, die diese materiellen Strukturen widerspiegeln und legitimieren (Engels, 1884/1946, S. 103). Diese dualistische Struktur hebt hervor, dass ökonomische Bedingungen das soziale Bewusstsein und somit auch die Gesetzgebung, Religion und Moral prägen (Heinrich, 2012, S. 56). Die Theorie des historischen Materialismus geht davon aus, dass jede Gesellschaftsformation in sich Widersprüche trägt, die sie instabil machen. Diese Widersprüche führen über Zeit zu sozialen Konflikten und letztlich zu gesellschaftlicher Veränderung. So stellt Marx fest, dass die feudale Gesellschaft durch den Widerspruch zwischen den Produktionsverhältnissen des Feudalismus und den aufstrebenden kapitalistischen Produktionskräften in die Krise geriet und schließlich vom Kapitalismus abgelöst wurde (Marx, 1859/1971, S. 48). Damit verdeutlicht der historische Materialismus, dass gesellschaftliche Entwicklungen weniger durch bewusste Entscheidungen der Akteure als durch tiefere strukturelle Prozesse geprägt sind.

In diesem Kontext betont Marx die zentrale Rolle des Klassenkampfes, der als Ausdruck der zugrundeliegenden ökonomischen Widersprüche die treibende Kraft der Geschichte darstellt. Er beschreibt die Geschichte der menschlichen Gesellschaft als eine „Geschichte von Klassenkämpfen" (Marx & Engels, 1848/1998, S. 1). In jeder Epoche existieren dominante und unterdrückte Klassen, deren Interessen unvereinbar sind, was zu einer ständigen Auseinandersetzung zwischen diesen Gruppen führt. Im Kapitalismus etwa stehen sich Bourgeoisie und Proletariat als antagonistische Klassen gegenüber, deren Konflikt die strukturellen Ungleichheiten des Systems offenbart (Postone, 1993, S. 72). Der Klassenkampf ist somit nicht nur ein theoretisches Konzept, sondern ein realer Mechanismus, der sich in ökonomischen, politischen und sozialen Bewegungen konkretisiert. Wichtig ist hierbei die marxistische Analyse, dass diese Klassenverhältnisse keine festen, sondern sich verändernde Strukturen sind. Sie entwickeln sich parallel zu den Produktivkräften, also den Technologien und Methoden, mit denen Menschen materielle Güter herstellen. Während des Übergangs vom Feudalismus zum Kapitalismus führte die Industrialisierung dazu, dass feudale Klassen wie der Adel an Bedeutung verloren, während neue Klassen wie das Proletariat entstanden. Damit stellt der historische Materialismus nicht nur eine Beschreibung der Gesellschaft dar, sondern ein Instrument zur Analyse der Dynamiken, die sie durchziehen und transformieren (Sperber, 2013, S. 198).

Marx' dialektische Methode – die Überzeugung, dass Widersprüche und deren Auflösung eine kontinuierliche Entwicklung vorantreiben – ist ein zentraler Aspekt seiner Theorie des historischen Materialismus. Ideologische Strukturen wie Religion, Recht und Moral bilden demnach nicht die Ursachen, sondern die Symptome der materiellen Verhältnisse. Der „Überbau" legitimiert und stabilisiert die „Basis" und reproduziert dadurch die herrschenden Produktionsverhältnisse. So dient die Ideologie der herrschenden Klasse als Mittel zur Aufrechterhaltung ihrer ökonomischen Dominanz, indem sie das Bewusstsein der unterdrückten Klasse prägt (Marx & Engels, 1846/1970, S. 47). Marx beschreibt diese ideologische Kontrolle als „falsches Bewusstsein," durch das die proletarische Klasse die systematische Natur ihrer Unterdrückung nicht vollständig erkennt (Lukács, 1923/1971, S. 83).

Durch diese dialektische Betrachtung wird deutlich, dass die ideologischen Institutionen eines bestimmten Zeitraums keine unabhängigen, neutralen Einheiten sind, sondern Ausdruck und Instrumente der ökonomischen Machtverhältnisse. Dies zeigt sich beispielsweise in der Rolle der Religion im Feudalismus, die als ideologische Kraft die feudalen Hierarchien stabilisierte und den sozialen Status quo legitimierte (Eagleton, 1991, S. 24). Im Kapitalismus übernimmt die kapitalistische Ideologie eine ähnliche Funktion, indem sie den Wettbewerb, den Individualismus und das Privateigentum als „natürliche" Prinzipien darstellt, die den Fortbestand des Systems sichern. Marx' Anspruch war es, seine Methode als eine wissenschaftliche Analyse zu etablieren, die die Prozesse der gesellschaftlichen Entwicklung objektiv untersucht. Der historische Materialismus sollte nicht nur philosophische Spekulation, sondern empirisch belegbare Wissenschaft sein, die sich von der Idealistik der bisherigen Geschichtstheorien abgrenzt (Elster, 1985, S. 132). Dabei nutzte Marx Konzepte der damaligen Ökonomie und Soziologie und verband sie mit eigenen theoretischen Annahmen, um die Funktionsweise des Kapitalismus zu erklären und die inneren Widersprüche aufzudecken. Marx war überzeugt, dass seine Methode ein analytisches Instrument für die Transformation der Gesellschaft sein könnte, indem sie die Mechanismen der Ausbeutung und Ungleichheit anschaulich darstellt und somit einen Anstoß zur Veränderung liefert (Carver & Thomas, 2017, S. 118).

Kapitel 3: Kapital, Arbeit und Klasse – Die Grundlagen des Kapitalismus

In diesem Kapitel werden die zentralen Begriffe und Konzepte, die Karl Marx zur Analyse des Kapitalismus entwickelte, systematisch dargelegt. Marx verstand den Kapitalismus als ein System, das sich auf die Ausbeutung der Arbeitskraft stützt und das sich durch spezifische ökonomische Strukturen und Dynamiken auszeichnet. Die Analyse der kapitalistischen Gesellschaft konzentriert sich dabei auf die Beziehung zwischen Kapital, Arbeit und Klasse. Diese Trias bildet das Fundament der Marx'schen Kritik an den Produktionsverhältnissen und legt die strukturellen Ursachen für soziale Ungleichheiten offen (Harvey, 2010, S. 14).

Für Marx ist Kapital nicht einfach eine Ansammlung von Reichtum, sondern eine bestimmte Form der gesellschaftlichen Macht, die über die Kontrolle der Produktionsmittel ausgeübt wird. Kapital bezeichnet das Verhältnis zwischen denen, die Eigentum an den Produktionsmitteln besitzen, und denen, die darauf angewiesen sind, ihre Arbeitskraft zu verkaufen, um ihren Lebensunterhalt zu sichern (Marx, 1867/1976, S. 151). Diese Beziehung stellt einen strukturellen Widerspruch dar: Während Kapitalbesitzer, die Bourgeoisie, nach Profitmaximierung streben, sieht sich das Proletariat, die Klasse der Lohnarbeiter, gezwungen, sich unter prekären Bedingungen zu verkaufen. Dieser Widerspruch erzeugt die Dynamik des Kapitalismus und führt zu beständiger Konflikthaftigkeit innerhalb der Gesellschaft (Sweezy, 1942, S. 65). Kapital ist in dieser Hinsicht nicht nur ein wirtschaftliches, sondern auch ein soziales Verhältnis. Es wird durch den Prozess der Kapitalakkumulation – der ständigen Erweiterung und Reinvestition von Kapital – aufrechterhalten und fortlaufend reproduziert. In diesem Prozess dient der erzeugte Mehrwert als Grundlage für die Expansion des Kapitals. Marx betont, dass dieser Mehrwert ausschließlich durch die Arbeit erzeugt wird und somit die Basis für die ungleiche Verteilung des Reichtums bildet. Damit zeigt er auf, dass Kapital nur dann wachsen kann, wenn es kontinuierlich auf die Ausbeutung von Arbeit zurückgreift (Heinrich, 2012, S. 84).

Arbeit spielt eine zentrale Rolle in der Marx'schen Theorie, da sie nicht nur den wirtschaftlichen Reichtum einer Gesellschaft schafft, sondern auch die sozialen Beziehungen innerhalb der Produktionsprozesse prägt. Marx' Begriff der Arbeit geht weit über die rein mechanische Verrichtung von Aufgaben hinaus: Arbeit ist ein kreativer Akt, durch den der Mensch seine Umwelt gestaltet und sich selbst verwirklicht. Im Kapitalismus jedoch wird dieser schöpferische Akt in einen entfremdeten Prozess verwandelt, da die Arbeitskraft zur bloßen Ware degradiert wird (Marx, 1844/1964, S. 84). Die Theorie der Entfremdung ist für das Verständnis der kapitalistischen Arbeit grundlegend. Marx beschreibt die entfremdete Arbeit als einen Zustand, in dem der Arbeiter das Produkt seiner Arbeit nicht als Ausdruck seiner Fähigkeiten und Kreativität erkennt, sondern als etwas Fremdes und Unkontrollierbares. Dies führt dazu, dass der Arbeiter sich in seinem Arbeitsprozess und in der sozialen Welt zunehmend entfremdet fühlt. Marx zufolge sind es die Kapitalverhältnisse, die diese Entfremdung strukturieren und die Menschlichkeit der Arbeit zerstören (Fromm, 1961, S. 37).

Der Mehrwert, den Marx als die Differenz zwischen dem Wert der Arbeitskraft und dem Wert des von ihr produzierten Gutes definiert, ist das Herzstück der kapitalistischen Ausbeutung. Dieser Mehrwert wird von den Kapitalisten angeeignet und stellt die Quelle des Profits dar, der wiederum den Akkumulationsprozess antreibt. Marx argumentiert, dass der Mehrwert nicht nur die Ursache für den Reichtum der Bourgeoisie, sondern auch die Grundlage für die soziale Ungleichheit innerhalb der kapitalistischen Gesellschaft ist (Foley, 1986, S. 58).

In der kapitalistischen Gesellschaft gibt es laut Marx zwei Hauptklassen: die Bourgeoisie, die die Produktionsmittel besitzt, und das Proletariat, das gezwungen ist, seine Arbeitskraft zu verkaufen. Diese Klassentrennung ist jedoch nicht lediglich eine ökonomische Unterscheidung, sondern bestimmt das Leben und Bewusstsein der Menschen in fundamentaler Weise. Die ökonomische Abhängigkeit des Proletariats schafft eine systematische Machtasymmetrie, die den Kapitalisten die Kontrolle über die Produktionsprozesse und das gesellschaftliche Leben ermöglicht (Marx & Engels, 1848/1998, S. 16). Der Klassenkampf, ein zentrales Thema in Marx' Werk, beschreibt den permanenten Konflikt zwischen diesen beiden Klassen. Er ist nicht nur Ausdruck von sozialen Spannungen, sondern ein struktureller Mechanismus, der die gesellschaftliche Entwicklung vorantreibt. Für Marx ist der Klassenkampf im Kapitalismus unvermeidlich, da die Interessen der Bourgeoisie und des Proletariats unvereinbar sind. Während die Kapitalisten den Lohn der Arbeiter möglichst niedrig halten wollen, um den Profit zu maximieren, kämpfen die Arbeiter für höhere Löhne und bessere Arbeitsbedingungen. Dieser Widerspruch bildet die Triebfeder der historischen Entwicklung und führt, wie Marx prognostiziert, letztlich zur Überwindung des Kapitalismus (Harvey, 2014, S. 132).

In seiner Analyse der kapitalistischen Produktionsweise verwendet Marx die dialektische Methode, um die Beziehung zwischen Kapital und Arbeit zu untersuchen. Diese Dialektik verdeutlicht, dass Kapital und Arbeit in einem Verhältnis der Abhängigkeit und der gegenseitigen Bedingtheit stehen, gleichzeitig aber auch antagonistische Gegensätze darstellen. Arbeit schafft Kapital, doch gleichzeitig unterdrückt Kapital die Arbeit. Marx beschreibt diesen Prozess als „Selbstverwertung des Kapitals," bei dem das Kapital nicht nur seine ökonomische Basis auf der Arbeit aufbaut, sondern diese auch in ein System struktureller Abhängigkeiten verwandelt, die die Macht der Kapitalisten sichern (Mészáros, 1995, S. 206).

Diese dialektische Beziehung erzeugt den zentralen Widerspruch des Kapitalismus, der in der Dynamik von Akkumulation und Krisen sichtbar wird. Der kapitalistische Produktionsprozess ist darauf angewiesen, dass stets neuer Mehrwert produziert wird. Doch die fortlaufende Ausweitung des Kapitals führt zu Perioden der Überproduktion, in denen der Markt mit Waren übersättigt ist, die Nachfrage jedoch stagniert. Diese Krisen sind keine zufälligen

Störungen, sondern das Ergebnis der inneren Widersprüche des Systems, die durch die Ausbeutung der Arbeit unausweichlich sind (Mandel, 1972, S. 98). Die kapitalistische Gesellschaft beruht somit auf einer grundlegenden Ausbeutung der Arbeiterklasse durch die Kapitalbesitzer. Durch die systematische Aneignung des Mehrwerts und die Konzentration der Produktionsmittel in den Händen weniger wird eine soziale Ordnung geschaffen, die auf Ungleichheit, Entfremdung und ständigen Konflikten basiert. Diese Dynamik, so Marx, führt letztlich zu einer Verschärfung der gesellschaftlichen Widersprüche, die das Potenzial zur Selbstzerstörung des Kapitalismus in sich trägt. Marx' Analyse des Kapitalismus stellt damit nicht nur eine theoretische Kritik dar, sondern bietet auch ein Erklärungsmodell für die strukturellen Ursachen sozialer Ungleichheiten und Krisen, die bis heute Bestand haben.

Kapitel 4: Das Kapital und die Akkumulation – Wie funktioniert das Kapital?

Das Werk „Das Kapital" (1867), das als Marx' Hauptwerk gilt, ist eine umfassende Analyse der kapitalistischen Produktionsweise und ihrer inhärenten Dynamiken. Marx untersucht darin die Mechanismen, durch die Kapital akkumuliert wird und die Bedingungen, unter denen dieser Prozess zur systematischen Reproduktion von Ungleichheiten führt. Die Akkumulation, also das stetige Wachstum des Kapitals, bildet das Herzstück des kapitalistischen Systems. Sie ist die treibende Kraft, die den Kapitalismus vorantreibt, aber zugleich auch die Widersprüche hervorbringt, die in Krisen enden können (Heinrich, 2012, S. 162). Marx beschreibt den kapitalistischen Produktionsprozess als Kreislauf, in dem Kapital beständig in verschiedenen Formen zirkuliert: zunächst als Geldkapital, dann als produktives Kapital und schließlich als Warenkapital. Dieser Kreislauf kann wie folgt zusammengefasst werden: Kapitalisten investieren Geld in Produktionsmittel und Arbeitskraft; aus diesen Mitteln entsteht eine Ware, die auf dem Markt verkauft wird, wodurch der Kapitalist erneut Geld erlangt, idealerweise in einer höheren Summe als zu Beginn. Dieser Prozess – G-W-G' (Geld-Ware-mehr Geld) – beschreibt die grundlegende Logik des Kapitals (Marx, 1867/1976, S. 158). Marx betont, dass das Kapital nicht statisch ist, sondern sich durch diesen Kreislauf kontinuierlich vermehrt. Diese Vermehrung des Kapitals ist jedoch auf die Aneignung des Mehrwerts angewiesen, der ausschließlich durch die Arbeitskraft erzeugt wird. Die Arbeiter produzieren einen Wert, der über die Kosten ihrer eigenen Löhne hinausgeht, und dieser zusätzliche Wert – der Mehrwert – wird vom Kapitalisten angeeignet. Die Verwertung des Kapitals, das heißt, die Schaffung von Mehrwert, ist somit der zentrale Mechanismus des Kapitalismus und ermöglicht die fortlaufende Akkumulation von Reichtum auf Seiten der Kapitalbesitzer (Foley, 1986, S. 67).

Marx entwickelte die Theorie des Mehrwerts, um den Kern der kapitalistischen Ausbeutung zu erklären. Der Mehrwert wird als Differenz zwischen dem Wert, den die Arbeitskraft produziert, und dem Wert, der den Arbeitern in Form ihres Lohns zurückgegeben wird, verstanden. Dieser Mehrwert wird durch die Verlängerung der Arbeitszeit, die Erhöhung der Arbeitsintensität oder die Reduktion des Lohns gesteigert – Maßnahmen, die der Kapitalist anwendet, um seinen Profit zu maximieren (Marx, 1867/1976, S. 236). Es gibt zwei grundlegende Formen des Mehrwerts: den absoluten und den relativen Mehrwert. Absoluter Mehrwert wird erzeugt, indem die Arbeitszeit der Arbeiter verlängert wird, während relativer Mehrwert durch die Steigerung der Produktivität entsteht, zum Beispiel durch den Einsatz neuer Technologien. Beide Formen dienen dem Ziel, den Profit der Kapitalisten zu erhöhen, jedoch auf unterschiedliche Weise. Der relative Mehrwert ist besonders charakteristisch für die Entwicklung des modernen Kapitalismus, da er die ständige Erneuerung und Optimierung der Produktionsmethoden verlangt. Dieser Innovationsdruck führt zur technischen Entwicklung, die Marx als integralen Bestandteil des kapitalistischen Wachstumsprozesses sieht (Mandel, 1972, S. 112).

Die fortlaufende Akkumulation des Kapitals führt zu einer systematischen Konzentration des Reichtums und zu sozialen Ungleichheiten. Marx beschreibt diesen Prozess als „Kapitalakkumulation," die Tendenz des Kapitals, sich in immer größeren Mengen zu konzentrieren und zu zentralisieren (Harvey, 2014, S. 164). Die Kapitalisten sind in ständiger Konkurrenz zueinander gezwungen, ihre Produktionsmittel zu erweitern und ihre Effizienz zu steigern, um auf dem Markt bestehen zu können. Diese Dynamik führt jedoch zu einem Paradoxon: Die gleiche Akkumulation, die das System stabilisiert, bringt auch die Widersprüche hervor, die letztlich zu Krisen führen können. Ein zentraler Widerspruch besteht darin, dass die Produktionskapazität tendenziell schneller wächst als die Nachfrage auf dem Markt. Die zunehmende Produktivität führt zu einem Überangebot an Waren, das jedoch nicht vollständig abgesetzt werden kann, weil die Löhne der Arbeiter – und damit ihre

Kaufkraft – systematisch niedrig gehalten werden, um den Mehrwert zu maximieren. Diese „Überproduktionskrisen" sind eine regelmäßige Erscheinung im Kapitalismus, die Marx als systemimmanent beschreibt (Mészáros, 1995, S. 244). Sie sind nicht zufällig, sondern Ausdruck der inneren Widersprüche, die aus der ungleichen Verteilung von Produktion und Konsum resultieren.

Ein weiterer Aspekt der kapitalistischen Produktion, den Marx in „Das Kapital" analysiert, ist der Fetischcharakter der Ware. Unter Warenfetischismus versteht Marx die Tendenz, gesellschaftliche Beziehungen als Beziehungen zwischen Dingen wahrzunehmen. Im Kapitalismus erscheinen Waren nicht als Produkte menschlicher Arbeit, sondern als autonome Objekte mit einem Wert, der ihnen inhärent zu sein scheint. Diese Verdinglichung der sozialen Beziehungen führt dazu, dass die sozialen Verhältnisse der Menschen von den Produktionsverhältnissen entfremdet werden (Marx, 1867/1976, S. 165). Durch den Warenfetischismus wird die wahre Natur der kapitalistischen Produktion verschleiert. Die Beziehungen zwischen Kapitalisten und Arbeitern werden als objektive Marktprozesse wahrgenommen, die außerhalb menschlicher Kontrolle liegen. Marx sieht hierin eine ideologische Funktion des Kapitalismus: Indem die sozialen und ökonomischen Ungleichheiten als naturgegeben und unveränderbar erscheinen, wird das System stabilisiert und die Herrschaft der Kapitalisten legitimiert. Der Warenfetischismus verdeutlicht, wie tief die ideologische Macht des Kapitals in die Wahrnehmung der Gesellschaft und der Individuen eingebettet ist (Lukács, 1923/1971, S. 92). Die kapitalistische Akkumulation unterliegt strukturellen Widersprüchen, die Marx als unvermeidlich und krisenanfällig beschreibt. Einerseits drängt der Kapitalismus zur ständigen Erweiterung der Produktionskapazitäten, andererseits werden die Löhne der Arbeiter so niedrig gehalten, dass die Nachfrage nicht mit dem Angebot Schritt halten kann. Diese Überproduktion führt zu Krisen der Nachfrage, die wiederum in Arbeitslosigkeit und Wirtschaftskrisen münden. Marx beschreibt diese Krisen als eine Folge des Widerspruchs zwischen gesellschaftlicher Produktion und privater Aneignung (Harvey, 2014, S. 189).

Ein weiteres Krisenmoment liegt in der organischen Zusammensetzung des Kapitals. Mit fortschreitender Technologisierung steigt der Anteil des konstanten Kapitals (Maschinen, Rohstoffe) im Verhältnis zum variablen Kapital (Arbeitskraft). Diese Veränderung führt langfristig zu einem tendenziellen Fall der Profitrate, da der Mehrwert, der von der Arbeit generiert wird, pro investierter Einheit sinkt. Die Kapitalisten sind dadurch gezwungen, noch intensiver in die Rationalisierung und Effizienzsteigerung zu investieren, was jedoch die Profitabilität nur kurzfristig stabilisieren kann. Langfristig verstärken sich die Krisenzyklen und das System wird zunehmend instabil (Mandel, 1972, S. 146).

Marx sah die kapitalistische Akkumulation nicht nur als Prozess innerhalb einzelner Nationalstaaten, sondern als ein globales Phänomen, das auf Enteignung und Kolonialisierung basiert. Der Kapitalismus ist demnach von Beginn an ein System, das die Peripherie zur Aufrechterhaltung seines Akkumulationsprozesses ausbeutet. In modernen Theorien, wie denen von David Harvey, wird diese Dynamik als „Akkumulation durch Enteignung" bezeichnet: Um den Profit zu sichern, greift das Kapital auf immer neue Ressourcen und Märkte zu und zieht diese in den Akkumulationsprozess ein (Harvey, 2003, S. 145). Im globalen Maßstab führt diese Akkumulation zu massiven sozialen und ökologischen Problemen, die die Unvereinbarkeit des Kapitalismus mit einer nachhaltigen, gerechten Entwicklung aufzeigen. Marx sah hierin die Grenzen des Kapitalismus: Ein System, das auf permanenter Akkumulation basiert, steht im Widerspruch zu den endlichen Ressourcen des Planeten und zu den sozialen Bedürfnissen der Menschen. Die Tendenz zur Expansion und Ausbeutung, die für die Kapitalakkumulation notwendig ist, könnte letztlich die gesellschaftlichen Grundlagen des Kapitalismus selbst zerstören.

Kapitel 5: Marxismus und Ideologie

Im Marxismus spielt der Begriff der Ideologie eine zentrale Rolle, um zu erklären, wie die kapitalistische Gesellschaft ihre Machtverhältnisse aufrechterhält und legitimiert. Für Marx und Engels stellt Ideologie nicht nur eine Ansammlung von Überzeugungen und Werten dar, sondern eine spezifische Form des Bewusstseins, das die materiellen Verhältnisse verschleiert und stabilisiert. Diese ideologischen Strukturen reproduzieren die Herrschaft der Bourgeoisie und verhindern ein kritisches Bewusstsein innerhalb der Arbeiterklasse, das die bestehenden Produktionsverhältnisse infrage stellen könnte (Eagleton, 1991, S. 12). Marx sieht in der Ideologie eine „verzerrte Wahrnehmung" der sozialen Realität, die dem Interesse der herrschenden Klasse dient und dazu beiträgt, die sozialen Ungleichheiten im

Kapitalismus als natürlich oder unvermeidlich erscheinen zu lassen (Lukács, 1923/1971, S. 83).

Marx unterscheidet zwischen Basis und Überbau, wobei die Basis die ökonomischen Produktionsverhältnisse beschreibt, die den Grundstein für die gesamte Gesellschaft bilden. Der Überbau, der aus politischen, rechtlichen und kulturellen Institutionen besteht, wird durch die ökonomische Basis geformt und ist in seiner Funktion darauf ausgelegt, die Herrschaftsverhältnisse zu stabilisieren. In diesem Sinne ist Ideologie ein Teil des Überbaus, der dazu beiträgt, die ökonomischen Strukturen zu legitimieren und die Interessen der herrschenden Klasse durchzusetzen (Marx & Engels, 1846/1970, S. 47). Diese Perspektive betont, dass die kapitalistischen Produktionsverhältnisse nicht nur ökonomische Konsequenzen haben, sondern auch auf das Denken und Handeln der Individuen einwirken. Die ideologischen Mechanismen funktionieren jedoch nicht durch offene Unterdrückung, sondern durch subtile Verinnerlichung der kapitalistischen Werte. So werden Konzepte wie Wettbewerb, Individualismus und Besitz als universelle, unveränderliche Prinzipien dargestellt, die den Kapitalismus zu einer scheinbar „natürlichen" Gesellschaftsordnung machen. In Wahrheit, so Marx, sind diese Konzepte jedoch soziale Konstruktionen, die dem Kapital dienen und die Unterscheidung zwischen Bourgeoisie und Proletariat aufrechterhalten. Ideologie schafft damit eine Realität, in der die sozialen Verhältnisse als objektiv und unveränderbar erscheinen, obwohl sie in Wirklichkeit von den ökonomischen Interessen der Bourgeoisie geprägt sind (Gramsci, 1971, S. 235).

Der Begriff des „falschen Bewusstseins" beschreibt die Art und Weise, wie die ideologischen Mechanismen das Verständnis der Arbeiterklasse für ihre eigene soziale Position verschleiern. Marx beschreibt, dass die Arbeiter durch die Ideologie der kapitalistischen Gesellschaft ein verzerrtes Bild ihrer eigenen Lage entwickeln, das ihre Unterdrückung rechtfertigt und rationalisiert (Marx & Engels, 1846/1970, S. 39). Falsches Bewusstsein führt dazu, dass die Arbeiter ihre eigene Ausbeutung als natürlich oder unvermeidlich wahrnehmen und keine revolutionäre Motivation entwickeln. Diese Ideologie verstärkt die Entfremdung, die die Arbeiter von ihren eigenen Produkten, vom Produktionsprozess und von sich selbst erfahren. Während die ökonomische Entfremdung durch die kapitalistischen Produktionsverhältnisse erzeugt wird, verstärkt das falsche Bewusstsein die Akzeptanz dieser Verhältnisse, indem es die Realität verschleiert und die Bedingungen für eine grundlegende Veränderung erschwert. In dieser Hinsicht ist falsches Bewusstsein keine bloße Verwirrung, sondern ein strukturierter Effekt der ideologischen Produktion, der das kapitalistische System stabilisiert (Fromm, 1961, S. 98).

Marx sieht die Institutionen der Religion, Bildung und Medien als zentrale Akteure der ideologischen Verbreitung. Die Religion fungiert dabei als „Opium des Volkes," indem sie den Menschen eine illusionäre Erfüllung bietet und ihnen Hoffnung auf eine bessere Welt im Jenseits gibt, anstatt die realen sozialen Ursachen ihres Leidens anzugehen (Marx, 1844/1964, S. 41). Diese Funktion der Religion ist nicht als zufällige Erscheinung zu verstehen, sondern als gezielte Ablenkung, die die Arbeiterklasse davon abhält, ihre materielle Situation kritisch zu hinterfragen. Auch das Bildungssystem spielt eine wichtige Rolle in der ideologischen Reproduktion, indem es die Werte der kapitalistischen Gesellschaft verinnerlicht und weitergibt. Schulen und Universitäten vermitteln die Ideen der herrschenden Klasse, die als „allgemeingültige" Wahrheiten präsentiert werden, und verankern so die Hierarchien und Ungleichheiten, die das kapitalistische System benötigt (Althusser, 1970, S. 125). Schließlich tragen auch die Medien zur Stabilisierung des kapitalistischen Bewusstseins bei, indem sie die ideologischen Narrative der herrschenden Klasse verbreiten und alternative Perspektiven marginalisieren oder delegitimieren. Die Medien schaffen eine „hegemoniale Kultur," die den Konsumismus und die Wettbewerbsorientierung fördert und damit die Konsumlogik des Kapitalismus verstärkt (Hall, 1980, S. 137).

Antonio Gramsci erweiterte das Marx'sche Verständnis von Ideologie durch sein Konzept der „Hegemonie," das die Art und Weise beschreibt, wie die Bourgeoisie nicht nur durch ökonomische Kontrolle, sondern auch durch kulturelle Dominanz Macht ausübt. Gramsci argumentiert, dass die herrschende Klasse eine Form der kulturellen und moralischen Führung etabliert, die das Verhalten und das Denken der Bevölkerung formt, ohne dass offene Gewalt angewendet werden muss. Hegemonie bedeutet, dass die Arbeiterklasse die Werte und Überzeugungen der Bourgeoisie akzeptiert und sie als ihre eigenen annimmt, wodurch sie ihre eigene Unterdrückung akzeptiert und reproduziert (Gramsci, 1971, S. 276). In diesem Zusammenhang spricht Althusser von „ideologischen Staatsapparaten," die im Gegensatz zu den repressiven Apparaten wie Polizei und Militär subtiler und indirekter wirken. Diese Apparate, zu denen Schulen, Kirchen, Medien und Familien gehören, tragen zur Reproduktion der gesellschaftlichen Verhältnisse bei, indem sie die Ideologie des Kapitals in das Bewusstsein der Menschen einprägen. Diese Ideologie wird nicht durch Zwang, sondern durch Überzeugung vermittelt, was die Integration der Arbeiterklasse in das kapitalistische System erleichtert und die Legitimation der Bourgeoisie stärkt (Althusser, 1970, S. 138).

Marx sah in der Aufdeckung und Überwindung der Ideologie eine notwendige Voraussetzung für die Befreiung des Proletariats. Die Aufgabe der Ideologiekritik besteht darin, die Mechanismen des falschen Bewusstseins zu durchbrechen und den Arbeitern eine klare Einsicht in ihre eigene soziale Position zu ermöglichen. Nur durch diese Erkenntnis ist eine bewusste und organisierte Revolution möglich, die die bestehenden Machtverhältnisse stürzt und eine gerechte Gesellschaft begründet (Eagleton, 1991, S. 35). Marx glaubt, dass das Proletariat durch die kollektive Erfahrung von Ausbeutung und Klassenkampf ein „Klassenbewusstsein" entwickeln kann, das die ideologische Verschleierung durchbricht und die revolutionäre Transformation der Gesellschaft ermöglicht. Diese Erkenntnis über die wahren Verhältnisse ist kein spontaner Prozess, sondern muss durch politische Bildung und Organisation gefördert werden. Der Marxismus sieht die Bildung des Klassenbewusstseins als einen dialektischen Prozess, der durch die Wechselwirkung von theoretischer Aufklärung und praktischer Erfahrung entsteht (Lukács, 1923/1971, S. 108). Das Konzept der Ideologie im Marxismus zeigt auf, wie das kapitalistische System nicht nur durch wirtschaftliche, sondern auch durch kulturelle und ideologische Mechanismen stabilisiert wird. Die kapitalistische Ideologie formt das Bewusstsein der Menschen und stellt sicher, dass die soziale Ordnung als unveränderbar und naturgegeben erscheint. Durch den Einsatz von Hegemonie und ideologischen Staatsapparaten reproduziert die Bourgeoisie ihre Macht und verhindert eine grundlegende Veränderung der Produktionsverhältnisse. Die Ideologiekritik ist daher im Marxismus nicht nur ein theoretisches, sondern ein politisches Projekt, das darauf abzielt, das Bewusstsein der Arbeiterklasse zu befreien und die Voraussetzungen für eine revolutionäre Transformation zu schaffen. Marx' Analyse der Ideologie bleibt daher eine der einflussreichsten Theorien zur Kritik und Dekonstruktion sozialer Machtstrukturen im Kapitalismus.

Kapitel 6: Marxistische Gesellschaftstheorie und Kritik des Staates

Karl Marx' Gesellschaftstheorie ist untrennbar mit seiner Kritik des Staates verbunden. Er betrachtete den Staat nicht als neutralen, unabhängigen Akteur, sondern als Instrument der herrschenden Klasse, das ihre Interessen durchsetzt und ihre Macht reproduziert. Diese Sichtweise war in der politischen Theorie des 19. Jahrhunderts revolutionär, da der Staat bis dahin oft als Hüter des Gemeinwohls und Garant der Gerechtigkeit dargestellt wurde. Marx hingegen analysierte den Staat als ein integrales Element der kapitalistischen Gesellschaftsordnung, das die bestehende Klassenstruktur festigt und stabilisiert (Jessop, 1982, S. 85). In der marxistischen Theorie ist der Staat kein autonomes Gebilde, sondern eine politische Superstruktur, die auf der ökonomischen Basis der Produktionsverhältnisse ruht. Marx beschreibt den Staat als „Exekutivkomitee der Bourgeoisie," ein Mittel, das die herrschende Klasse dazu nutzt, ihre ökonomische Dominanz zu sichern und ihre Herrschaft über das Proletariat zu erhalten (Marx & Engels, 1848/1998, S. 36). Diese Auffassung geht davon aus, dass politische Institutionen im Kapitalismus nicht den Interessen der gesamten Gesellschaft dienen, sondern primär die Position der Bourgeoisie als herrschende Klasse festigen. Der bürgerliche Staat schützt das Privateigentum und das Kapital durch Gesetze, die den Besitz und die Akkumulation von Kapital legitimieren und rechtlich sichern. Durch Steuerpolitik, Subventionen und Regulierungen wird das Kapital systematisch begünstigt und die ökonomische Struktur stabilisiert. Diese politische und juristische Unterstützung bildet die Grundlage, auf der die Kapitalistenklasse ihre ökonomische Macht entfaltet und die Arbeiterklasse in eine Abhängigkeit zwingt, die die kapitalistische Produktionsweise aufrechterhält (Poulantzas, 1973, S. 124).

Marx beschreibt die Funktion des Staates nicht nur als repressiv, sondern auch als ideologisch. Durch die Präsentation des Staates als neutrale Instanz, die dem „Gemeinwohl" dient, wird seine eigentliche Funktion verschleiert und legitimiert. Diese Ideologie des „illusorischen Gemeinwohls" suggeriert, dass die Gesetze und politischen Entscheidungen im Interesse aller getroffen werden, während sie in Wirklichkeit die ökonomische Struktur und die Interessen der Kapitalisten schützen. Der Staat schafft also ein Bewusstsein, das seine wahre Rolle als Klasseninstrument kaschiert und das Proletariat davon abhält, die Verhältnisse kritisch zu hinterfragen (Althusser, 1970, S. 139).

Dieser Mechanismus ist Teil des ideologischen Überbaus, den Marx als Mittel zur Stabilisierung der herrschenden Verhältnisse beschreibt. Die Ideologie des Staates als Wohltäter wird in verschiedenen gesellschaftlichen Institutionen – insbesondere im Bildungssystem und in den Medien – vermittelt und verinnerlicht. Der Staat fungiert damit als hegemoniale Instanz, die das kapitalistische Bewusstsein prägt und reproduziert. Gramsci bezeichnete diesen Prozess als „hegemoniale Herrschaft," durch die die Bourgeoisie ihre Macht durch Konsens und nicht durch Zwang aufrechterhält (Gramsci, 1971, S. 276). Im Kapitalismus präsentiert sich der Rechtsstaat als Hüter der „Rechtsgleichheit," wobei alle Bürger vor dem Gesetz gleich sein sollen. Diese formale Gleichheit verdeckt jedoch die realen sozialen Ungleichheiten, die im Kapitalismus bestehen. Marx argumentiert, dass der Rechtsstaat nicht wirklich neutral ist, sondern durch Gesetze und Rechtsprechung die Eigentumsverhältnisse schützt, die Grundlage der kapitalistischen Produktionsweise sind. Die „Rechtsgleichheit" hat im Kapitalismus eine ideologische Funktion, da sie die strukturellen Machtverhältnisse verschleiert und die soziale Hierarchie stabilisiert (Balibar, 2016, S. 142). Für Marx ist diese Gleichheit vor dem Gesetz eine Illusion, die die wahren Machtverhältnisse maskiert. Während das Proletariat gezwungen ist, seine Arbeitskraft zu verkaufen, um zu überleben, besitzt die Bourgeoisie die wirtschaftlichen Mittel, die ihnen die tatsächliche Kontrolle über den Produktionsprozess und das gesellschaftliche Leben ermöglichen. Der Rechtsstaat und das Eigentumsrecht sind also keine neutralen Instrumente, sondern strukturelle Mechanismen, die die Klassenhierarchie festigen und die Arbeiter in ihrer untergeordneten Position halten (Poulantzas, 1973, S. 130).

Ein zentraler Aspekt der marxistischen Staatskritik ist die Rolle des Staates als repressives Instrument. Während der Staat im kapitalistischen System häufig als Schlichter und Beschützer dargestellt wird, sieht Marx ihn als eine Institution, die Gewalt anwendet, um die herrschenden Verhältnisse zu sichern. Diese Repression äußert sich in der Justiz, der Polizei und dem Militär, die dazu eingesetzt werden, Aufstände, Streiks und soziale Bewegungen zu unterdrücken. Insbesondere in Krisenzeiten wird die Repression verstärkt, um die Stabilität des Systems zu gewährleisten und die bestehende Ordnung aufrechtzuerhalten (Jessop, 1982, S. 98). Marx unterscheidet hier zwischen der „repressiven Staatsgewalt" und den ideologischen Staatsapparaten. Während die Repression durch Gewalt offen und direkt ist, wirkt die Ideologie subtil und langfristig. Diese doppelte Funktion des Staates – Repression und Ideologie – sichert die Dominanz der Bourgeoisie und verhindert grundlegende gesellschaftliche Veränderungen. Die revolutionäre Bewegung des Proletariats, so Marx, muss sich daher sowohl gegen die repressiven als auch gegen die ideologischen Mechanismen des Staates richten, um den Kapitalismus zu überwinden (Marx, 1871/1970, S. 115).

Marx sah in der „Diktatur des Proletariats" eine notwendige Übergangsphase, in der die Arbeiterklasse die politische Macht übernehmen und die kapitalistischen Produktionsverhältnisse abschaffen könnte. Dieser Begriff ist nicht im Sinne einer autoritären Herrschaft zu verstehen, sondern beschreibt eine kollektive Machtübernahme der Arbeiterklasse, die die bestehenden Produktionsmittel vergesellschaftet und die Klassenunterschiede überwindet. Die Diktatur des Proletariats soll die Klassenverhältnisse aufheben und den Weg für eine klassenlose Gesellschaft bereiten, in der die Produktionsmittel im Besitz der Gesellschaft als Ganzes sind (Engels, 1875/1972, S. 37). Marx' Konzept der Diktatur des Proletariats war ein Gegenmodell zum bürgerlichen Staat, das die politische und ökonomische Macht zentralisieren und den Kapitalismus abschaffen sollte. Ziel war eine Gesellschaft, in der die Macht nicht länger von einer herrschenden Klasse ausgeübt wird, sondern in der das Proletariat seine Interessen ohne die Vermittlung und Dominanz der Bourgeoisie verfolgen kann. In dieser Phase sieht Marx eine grundlegende Umgestaltung der Gesellschaft und des Staates, die den Weg in eine sozialistische Ordnung ebnen würde (Lenin, 1917/1972, S. 68). Letztlich zielt die marxistische Theorie auf eine klassenlose Gesellschaft ab, in der der Staat als Machtinstrument überflüssig wird. Marx und Engels glaubten, dass der Staat mit dem Ende der Klassenverhältnisse „absterben" würde, da seine Funktion als Instrument der Klassenherrschaft entfällt. In einer kommunistischen Gesellschaft gibt es keine Notwendigkeit mehr für ein repressives oder ideologisches Staatsorgan, da die Produktionsmittel in gemeinschaftlichem Besitz sind und die soziale Organisation nicht länger auf Ausbeutung basiert (Marx & Engels, 1846/1970, S. 49). Marx' utopisches Konzept des „Absterbens des Staates" reflektiert seine Überzeugung, dass soziale Konflikte und Machtverhältnisse nicht notwendige Bestandteile der menschlichen Gesellschaft sind, sondern das Produkt bestimmter historischer und ökonomischer Bedingungen. Die klassenlose Gesellschaft wäre ein Zustand, in dem Freiheit und Gleichheit tatsächlich realisiert werden könnten, da keine wirtschaftlichen Hierarchien und keine repressiven Institutionen mehr notwendig sind. Dieser visionäre Entwurf einer staatenlosen Gesellschaft war ein wesentlicher Bestandteil von Marx' Vorstellung einer gerechten und humanen Gesellschaftsordnung (Sweezy, 1949, S. 143).

Kapitel 7: Marxismus in der modernen Gesellschaft – Relevanz und Kritik

Die Ideen von Karl Marx haben die politische, wirtschaftliche und soziale Theorie des 20. und 21. Jahrhunderts tief geprägt und bleiben in der heutigen Gesellschaft von Bedeutung. Marx' Analysen des Kapitalismus, seine Theorien über Klassenkampf und Ideologie sowie seine Vorstellungen einer klassenlosen Gesellschaft haben den Diskurs über soziale Gerechtigkeit und wirtschaftliche Ungleichheit nachhaltig beeinflusst. Jedoch ist auch der Marxismus selbst kontinuierlich weiterentwickelt, kritisiert und hinterfragt worden. Dieses Kapitel beleuchtet die fortwährende Relevanz marxistischer Theorien in der heutigen Welt und stellt zentrale Kritikpunkte vor, die sowohl von Unterstützern als auch von Gegnern des Marxismus formuliert wurden (Harvey, 2010, S. 213).

Marx' Kapitalismusanalyse hat eine besondere Bedeutung in der modernen Gesellschaft, da viele seiner Beobachtungen auch in heutigen globalisierten Märkten Gültigkeit besitzen. Der Kapitalismus hat sich seit Marx' Zeiten radikal verändert, doch die Mechanismen von Kapitalakkumulation, Mehrwertproduktion und sozialer Ungleichheit, die Marx beschrieben hat, zeigen sich weiterhin. Mit der Expansion des Finanzkapitals, der Zunahme von Monopolstrukturen und der fortschreitenden Globalisierung stellt sich die Frage, ob Marx' Theorien einen analytischen Rahmen bieten, um die aktuelle kapitalistische Dynamik zu verstehen (Sweezy, 1970, S. 74). Moderne marxistische Theoretiker wie David Harvey betonen, dass der Kapitalismus auch heute Krisen erzeugt, die aus den gleichen strukturellen Widersprüchen resultieren, die Marx beschrieb. Die globalen Finanzkrisen der letzten Jahrzehnte, insbesondere die Krise von 2008, verdeutlichen, wie das System regelmäßig an die Grenzen seiner eigenen Funktionsweise stößt. Diese Krisen offenbaren grundlegende Instabilitäten, die der kapitalistischen Akkumulationslogik inhärent sind und die soziale und wirtschaftliche Ungleichheiten verschärfen (Harvey, 2014, S. 201).

Im Kontext der modernen Globalisierung hat sich der Kapitalismus von einem nationalen zu einem transnationalen System entwickelt, das keine geographischen Grenzen kennt. Marx' Theorie der Kapitalakkumulation ist heute im globalen Maßstab sichtbar, da Produktionsprozesse zunehmend in Niedriglohnländer ausgelagert werden, während die Profite in den globalen Finanzzentren akkumuliert werden. Dieser Prozess führt zur Schaffung einer „globalen Arbeiterklasse," die, ähnlich wie das Proletariat im 19. Jahrhundert, unter prekären Arbeitsbedingungen arbeitet und von den strukturellen Mechanismen der Kapitalakkumulation betroffen ist (Amin, 1997, S. 118). Die Entwicklung des Kapitalismus zu einem globalen System hat auch neue Formen der Ausbeutung und Abhängigkeit geschaffen, die Marx in gewissem Maße voraussah. Beispielsweise werden durch die internationale Arbeitsteilung und den sogenannten „neokolonialen" Kapitalismus in vielen Ländern des Globalen Südens wirtschaftliche und ökologische Ressourcen ausgebeutet, ohne dass die lokalen Arbeiter einen fairen Anteil an den generierten Profiten erhalten. Diese Entwicklungen unterstreichen die Relevanz marxistischer Theorien in der Analyse globaler Ungleichheiten und zeigen, wie sich kapitalistische Produktionsverhältnisse im internationalen Kontext reproduzieren (Wallerstein, 2004, S. 189). Obwohl der Marxismus als Theorie in der modernen Gesellschaft relevant bleibt, ist er auch Ziel umfangreicher Kritik. Eine der prominentesten und häufigsten Kritiken bezieht sich auf die historischen Versuche, marxistische Ideen in realen sozialistischen Staaten umzusetzen. Staaten wie die Sowjetunion und die Volksrepublik China haben sich in der Vergangenheit auf den Marxismus berufen, doch wurden diese Systeme häufig als repressiv und totalitär wahrgenommen. Kritiker argumentieren, dass diese Staaten den Marxismus pervertiert haben, um autoritäre Regime zu rechtfertigen, und dass die Konzentration politischer Macht zu Menschenrechtsverletzungen und zur Unterdrückung individueller Freiheiten führte (Arendt, 1951, S. 150). Diese Kritik wird von marxistischen Theoretikern teilweise akzeptiert, die betonen, dass die Sowjetunion und ähnliche Systeme sich vom eigentlichen Marxismus abgewandt hätten. Der „real existierende Sozialismus" wurde als bürokratischer und zentralistischer Staat interpretiert, der mehr Ähnlichkeiten mit dem Staatskapitalismus als mit der ursprünglichen Vision einer klassenlosen Gesellschaft hatte. Die Debatte darüber, ob der „real existierende Sozialismus" eine notwendige Folge der marxistischen Theorie ist oder ob er eine Deformation derselben darstellt, bleibt ein zentrales Thema in der marxistischen Theorie und ihrer Kritik (Kautsky, 1919, S. 27).

Der Marxismus hat sich im Laufe des 20. Jahrhunderts in verschiedene Strömungen und Ansätze aufgespalten, die auf aktuelle gesellschaftliche Entwicklungen eingehen und die ursprünglichen Theorien weiterentwickeln. Der Neomarxismus und die Kritische Theorie, die unter anderem von Theoretikern wie Herbert Marcuse und Jürgen Habermas geprägt wurden, erweitern den klassischen Marxismus durch neue Konzepte und problematisieren die Rolle von Kultur, Ideologie und individueller Freiheit im Kapitalismus. Diese Theorien versuchen, das Bewusstsein für die subtileren Formen der Macht und Unterdrückung zu schärfen, die über rein ökonomische Faktoren hinausgehen und die moderne Gesellschaft prägen (Marcuse, 1964, S. 58). Neomarxistische Ansätze thematisieren auch die Rolle von Medien und Kulturindustrie als Instrumente der Herrschaft, die das Bewusstsein der Menschen prägen und ihre Fähigkeit zur kritischen Reflexion dämpfen. Die Kritische Theorie stellt die Frage, wie das Individuum in einer kapitalistischen Gesellschaft seine Autonomie bewahren kann und wie gesellschaftlicher Wandel durch das Bewusstsein für unterdrückende Strukturen angeregt werden kann. Diese Perspektiven erweitern die marxistische Analyse, indem sie sich nicht nur auf die ökonomischen, sondern auch auf die kulturellen und psychologischen Dimensionen des Kapitalismus konzentrieren (Horkheimer & Adorno, 1944, S. 96).

Ein besonders aktueller Diskussionspunkt in der modernen marxistischen Theorie ist die Frage nach den ökologischen Grenzen des Kapitalismus. Marxistischer Ökologismus, eine Strömung, die in den letzten Jahrzehnten stark an Bedeutung gewonnen hat, argumentiert, dass der Kapitalismus mit seinen endlosen Wachstumszwängen unweigerlich zu ökologischen Krisen führt. Der ständige Drang zur Akkumulation und die Notwendigkeit, Ressourcen zu nutzen und zu erschließen, bringt das ökologische Gleichgewicht in Gefahr und führt zu einer Ausbeutung, die nicht nur die Arbeiter, sondern auch die Umwelt einschließt (Foster, 2000, S. 122). Die Umweltkrisen des 21. Jahrhunderts, wie der Klimawandel und das Artensterben, lassen sich demnach nicht allein durch technologische Innovationen lösen, sondern erfordern eine grundlegende Transformation der Produktionsweise und des Konsumverhaltens. Für marxistische Ökologen ist dies ein strukturelles Problem des Kapitalismus, das nur durch eine sozialistische Organisation der Produktionsverhältnisse gelöst werden kann, bei der die Bedürfnisse der Menschheit und die

Grenzen der Natur miteinander in Einklang stehen. Diese Strömung bringt die Marx'sche Kapitalismuskritik in Einklang mit ökologischen Fragestellungen und fordert eine Überwindung des kapitalistischen Systems zugunsten einer nachhaltigen Gesellschaft (Bellamy Foster, 2002, S. 143).

Die marxistische Theorie ist heute relevanter denn je und bietet eine kritische Linse, um die strukturellen Probleme und Widersprüche des Kapitalismus zu analysieren. Der Marxismus hat seine Fähigkeit bewahrt, soziale Ungleichheiten, ökologische Krisen und kulturelle Entfremdung als strukturelle Produkte des kapitalistischen Systems zu deuten. Dennoch steht er vor der Herausforderung, sich den veränderten gesellschaftlichen Rahmenbedingungen anzupassen und dabei seine grundlegenden Prinzipien nicht zu verlieren. Der Kapitalismus des 21. Jahrhunderts ist komplexer und globaler geworden, was neue Antworten und Perspektiven erfordert (Harvey, 2014, S. 243). Gleichzeitig bleibt die Vision einer klassenlosen Gesellschaft, wie sie von Marx skizziert wurde, eine Utopie, die in den realen sozialistischen Experimenten des 20. Jahrhunderts nicht verwirklicht werden konnte. Marxismus ist daher eine Theorie, die sowohl als Gesellschaftsanalyse als auch als Ideologie der sozialen Transformation fungiert, jedoch weiterhin auf der Suche nach Wegen ist, um die drängenden Fragen der Gegenwart zu beantworten. Ob Marx' Vorstellungen jemals vollständig realisiert werden können, bleibt offen, doch bietet der Marxismus ein mächtiges Werkzeug, um die Mechanismen der kapitalistischen Gesellschaft kritisch zu hinterfragen und alternative Zukunftsvisionen zu entwerfen.

Kapitel 8: Postmarxistische Theorien und alternative Gesellschaftsmodelle

Der Marxismus hat im 20. und 21. Jahrhundert zahlreiche Weiterentwicklungen und Transformationen erfahren, die in den sogenannten „Postmarxismus" mündeten. Postmarxistische Theorien gehen über Marx' ursprüngliche Analysen hinaus und berücksichtigen zusätzliche gesellschaftliche und kulturelle Dimensionen, die für eine umfassendere Kritik der kapitalistischen Ordnung notwendig erscheinen. Diese Theorien zielen darauf ab, die Beschränkungen und blinden Flecken des klassischen Marxismus zu überwinden und neue, zeitgemäße Perspektiven auf soziale Gerechtigkeit und Veränderung zu entwickeln (Laclau & Mouffe, 1985, S. 3).

Postmarxistische Theoretiker wie Ernesto Laclau und Chantal Mouffe erweitern Marx' Analysen, indem sie die Rolle von Kultur, Identität und Sprache in der Gesellschaft besonders betonen. Im Gegensatz zum klassischen Marxismus, der die ökonomischen Produktionsverhältnisse als zentrale Triebkraft gesellschaftlicher Entwicklungen versteht, argumentieren postmarxistische Ansätze, dass Machtverhältnisse und soziale Konflikte auch in kulturellen und symbolischen Bereichen verankert sind. Laclau und Mouffe (1985) etwa schlagen vor, dass Hegemonie nicht nur durch ökonomische Dominanz, sondern auch durch die Kontrolle über Diskurse und kulturelle Normen ausgeübt wird (S. 87). Diese Verschiebung von der Ökonomie zur Kultur bedeutet eine Erweiterung der marxistischen Theorie, die darauf abzielt, den sozialen Wandel auf eine breitere Basis zu stellen. Anstatt sich nur auf die Klassenverhältnisse zu konzentrieren, betrachten postmarxistische Ansätze auch andere Formen der Identität und Zugehörigkeit – wie Geschlecht, Ethnie und Sexualität – als relevante Dimensionen sozialer Konflikte. Diese Diversifizierung des gesellschaftlichen Analyseansatzes soll dazu beitragen, die Komplexität moderner Gesellschaften besser zu verstehen und progressive Bewegungen zu unterstützen, die nicht nur ökonomische, sondern auch kulturelle und identitäre Befreiung anstreben (Fraser, 1997, S. 29).

Eine zentrale These des Postmarxismus ist die Dekonstruktion der Klassenkategorie als zentrale Achse sozialer Konflikte. Im Unterschied zu Marx, der den Klassenkampf als Hauptmotor gesellschaftlicher Veränderung betrachtete, argumentieren postmarxistische Denker, dass die sozialen Konfliktlinien in modernen Gesellschaften vielfältiger und fragmentierter sind. Die „große Erzählung" des Klassenkampfes wird durch eine Vielzahl kleinerer, differenzierter Kämpfe ersetzt, die auf unterschiedlichen Ebenen stattfinden und nicht mehr notwendigerweise in einem großen revolutionären Akt kulminieren müssen (Lyotard, 1979, S. 24). Jean-François Lyotard bezeichnet diese Tendenz als „das Ende der großen Erzählungen," womit er das Ende der universellen, allumfassenden Erklärungsmuster meint. Die postmarxistische Perspektive schlägt vor, dass gesellschaftliche Transformationen auch ohne einen einheitlichen Klassenkampf möglich sind und dass die verschiedenen sozialen Bewegungen – sei es für Umweltgerechtigkeit, Frauenrechte oder LGBTQ+-Rechte –

ihren Beitrag zur Transformation leisten können, ohne sich einer übergeordneten marxistischen Erzählung unterordnen zu müssen (Laclau, 1996, S. 59).

Eine zentrale Frage des Postmarxismus ist, wie eine demokratische Alternative zum Kapitalismus gestaltet werden könnte. Laclau und Mouffe entwickeln die Theorie der „radikalen Demokratie," die auf einer Demokratisierung aller sozialen Beziehungen basiert. Sie schlagen vor, dass ein wirklich demokratisches Gesellschaftssystem nicht nur politische, sondern auch soziale und ökonomische Machtverhältnisse in Frage stellen und dezentralisieren muss. Im Gegensatz zu zentralistischen Modellen strebt die radikale Demokratie nach einer breiten Teilhabe und der Selbstverwaltung der Bürgerinnen und Bürger, um Herrschaft und Hierarchien weitgehend zu minimieren (Mouffe, 2000, S. 78). In dieser Vision eines „demokratischen Sozialismus" sieht der Postmarxismus eine Möglichkeit, die Ziele sozialer Gleichheit und individueller Freiheit miteinander zu vereinen. Der demokratische Sozialismus ist darauf ausgerichtet, die Mechanismen der kapitalistischen Ausbeutung zu überwinden, ohne in autoritäre Strukturen zu verfallen. Diese Perspektive versteht den Sozialismus als ein dynamisches, pluralistisches System, das auf den Prinzipien der Inklusion und Gleichberechtigung beruht und den Staat als zentralisiertes Machtinstrument ablehnt (Fraser, 1997, S. 92).

Ein weiterer Ansatz, der im postmarxistischen Diskurs Beachtung findet, ist die Idee der genossenschaftlichen Plattformen und des digitalen Sozialismus. In einer zunehmend digitalisierten Wirtschaft, die von großen Plattformunternehmen wie Amazon, Uber und Google dominiert wird, entstehen alternative Modelle, die auf kollektiver Eigenverantwortung und gerechter Ressourcenverteilung basieren. Genossenschaftliche Plattformen sind digitale Unternehmen, die von ihren Mitgliedern kollektiv kontrolliert und geführt werden und deren Gewinne fair verteilt werden, anstatt sie zu privatisieren (Scholz, 2016, S. 58). Der digitale Sozialismus baut auf der Idee auf, dass digitale Technologien nicht nur Werkzeuge der kapitalistischen Akkumulation, sondern auch Mittel zur Demokratisierung wirtschaftlicher Prozesse sein können. Durch die Förderung von Peer-to-Peer-Netzwerken, Open-Source-Software und kollektiven Eigentumsformen können digitale Plattformen genutzt werden, um Arbeitsbedingungen und Eigentumsverhältnisse zu transformieren. Diese Modelle bieten eine Antwort auf die zunehmende Konzentration von Kapital und Macht in den Händen weniger Konzerne und zielen darauf ab, die technologischen Fortschritte des digitalen Zeitalters mit sozialistischen Prinzipien in Einklang zu bringen (Wright, 2010, S. 127).

Neben den genossenschaftlichen Plattformen wird im Postmarxismus auch das Konzept der „Commons" diskutiert. Commons beschreiben gemeinschaftlich genutzte Ressourcen, die weder privatisiert noch staatlich kontrolliert werden, sondern in gemeinschaftlicher Verantwortung liegen. Beispiele für moderne Commons sind unter anderem städtische Gemeinschaftsgärten, soziale Netzwerke mit Open-Source-Technologie und Wissensplattformen wie Wikipedia. Das Commons-Modell zielt darauf ab, ein alternatives Wirtschaftssystem zu schaffen, das auf Kooperation, Nachhaltigkeit und gemeinschaftlicher Verantwortung beruht (Bollier, 2014, S. 39). Die Solidarwirtschaft stellt eine weitere alternative Vision dar, die im Postmarxismus an Bedeutung gewonnen hat. Diese Form der Wirtschaft basiert auf gegenseitiger Hilfe, Solidarität und fairer Verteilung der Ressourcen, ohne die Profitmaximierung in den Vordergrund zu stellen. Unternehmen der Solidarwirtschaft sind häufig genossenschaftlich organisiert und zielen darauf ab, die Bedürfnisse der Gemeinschaft zu erfüllen, anstatt individuelle Profite zu maximieren. Diese Modelle repräsentieren Ansätze einer „postkapitalistischen" Gesellschaft, in der wirtschaftliche Prozesse auf gemeinsamen Interessen und kollektiven Verantwortlichkeiten basieren (Miller, 2010, S. 85). Die postmarxistischen Theorien und alternativen Gesellschaftsmodelle sind nicht nur theoretische Konstrukte, sondern haben auch praktische Auswirkungen. Initiativen wie Kooperativen, solidarische Landwirtschaften und genossenschaftliche Plattformen zeigen, dass postkapitalistische Ansätze umsetzbar sind und in bestimmten Kontexten erfolgreich funktionieren können. Gleichzeitig stehen diese Modelle jedoch vor erheblichen Herausforderungen: Die Konkurrenz mit kapitalistischen Unternehmen, die Finanzierung und der Zugang zu Ressourcen stellen häufig strukturelle Hürden dar, die die Durchsetzung solcher Modelle erschweren. Der Postmarxismus bringt das Potenzial mit sich, Gesellschaftsmodelle zu entwickeln, die Marx' ursprüngliche Ideen weiterführen und zugleich an die Komplexität der modernen Gesellschaft angepasst sind. Er versucht, die strukturellen Mechanismen der Macht zu dezentralisieren und neue Formen der Solidarität und Kooperation zu schaffen, die den Menschen und seine Bedürfnisse in den Mittelpunkt stellen. Diese Theorien und Modelle zeigen, dass eine Transformation der Gesellschaft möglich ist und bieten alternative Wege, die über den Kapitalismus hinausweisen und auf einer umfassenden Demokratisierung von Wirtschaft und Gesellschaft basieren.

Kapitel 9: Zusammenfassung und Fazit

In den vorangegangenen Kapiteln wurde Karl Marx' Theorie in ihrer ganzen Komplexität dargelegt und in ihrem historischen wie auch in ihrem modernen Kontext interpretiert. Seine Analysen über Kapital, Arbeit und Klasse, seine Kapitalismuskritik und seine Vorstellung einer klassenlosen Gesellschaft haben die soziale und ökonomische Theorie der letzten Jahrhunderte maßgeblich geprägt und sind bis heute ein wichtiges Fundament für die Kritik kapitalistischer Strukturen. Dieses abschließende Kapitel fasst die zentralen Ideen zusammen und bietet weiterführende Literatur, die interessierte Leser vertiefen können, um das vielschichtige Denken von Marx und seinen postmarxistischen Nachfolgern noch besser zu verstehen.

Marx' historischer Materialismus, der Klassenkampf als Motor gesellschaftlicher Entwicklung und die Kapitalismuskritik sind nach wie vor zentrale Bausteine, um die Funktionsweise moderner Gesellschaften zu analysieren. Das Konzept des Kapitals als soziales Verhältnis und nicht als bloße Akkumulation materieller Reichtümer hat die Vorstellung von Wirtschaft und Gesellschaft revolutioniert und eine kritische Linse geschaffen, die auf soziale Ungleichheiten und strukturelle Ungerechtigkeiten fokussiert. Durch die Analyse des Mehrwerts, der Akkumulation und des Fetischcharakters der Ware hat Marx eine tiefgehende Kritik am Wesen des Kapitalismus und den Mechanismen der Ausbeutung formuliert. Die Rolle des Staates als „Exekutivkomitee der Bourgeoisie," die die kapitalistische Ordnung schützt und stabilisiert, verdeutlicht, dass Marx den Staat nicht als neutrale Instanz betrachtete, sondern als Mittel zur Aufrechterhaltung der bestehenden sozialen Hierarchien. Die Ideologiekritik des Marxismus zeigt, dass auch kulturelle und politische Institutionen Teil eines größeren Systems sind, das soziale Ungleichheit und kapitalistische Werte reproduziert. Die Kapitalismuskritik und die Analyse der Akkumulation des Kapitals sind bis heute von Bedeutung, da die Probleme der modernen Gesellschaft – wie soziale Ungleichheit, ökologische Krisen und politische Instabilität – weiterhin die strukturellen Widersprüche des Kapitalismus spiegeln. Marxistische Theoretiker, wie David Harvey und Immanuel

Wallerstein, sowie die neomarxistischen Ansätze von Antonio Gramsci und Herbert Marcuse haben Marx' Theorien angepasst und auf moderne Phänomene wie Globalisierung, Digitalisierung und kulturelle Hegemonie angewandt. Die postmarxistischen Konzepte des Commons, der Solidarwirtschaft und genossenschaftlicher Plattformen bieten dabei neue Perspektiven auf alternative Wirtschaftsmodelle, die auf Kooperation und Nachhaltigkeit setzen. Diese Theorien und Modelle weisen auf die Möglichkeit einer sozial gerechten Gesellschaft hin, die sich durch Demokratisierung, kollektive Eigenverantwortung und ökonomische Gleichheit auszeichnet. Der Marxismus bleibt dabei sowohl eine analytische Methode als auch eine politische Vision, die eine Transformation der Gesellschaft anstrebt und neue Antworten auf die Herausforderungen der heutigen Zeit formuliert.

Literaturverzeichnis

Althusser, L. (1970). *Ideologie und ideologische Staatsapparate: Aufsätze zur marxistischen Theorie*. Hamburg: VSA-Verlag.

Amin, S. (1997). *Capitalism in the Age of Globalization: The Management of Contemporary Society*. London: Zed Books.

Arendt, H. (1951). *The Origins of Totalitarianism*. New York: Harcourt.

Balibar, E. (2016). *Citizen Subject: Foundations for Philosophical Anthropology*. New York: Fordham University Press.

Bellamy Foster, J. (2002). *Ecology Against Capitalism*. New York: Monthly Review Press.

Bollier, D. (2014). *Think Like a Commoner: A Short Introduction to the Life of the Commons*. Gabriola Island: New Society Publishers.

Carver, T. (2018). *Marx and Engels: The Intellectual Relationship*. London: Palgrave Macmillan.

Carver, T., & Thomas, P. (Eds.). (2017). *Marx and Marxism*. Oxford: Oxford University Press.

Draper, H. (1994). *Karl Marx's Theory of Revolution*. New York: Monthly Review Press.

Eagleton, T. (1991). *Ideology: An Introduction*. London: Verso.

Engels, F. (1875/1972). *Der Ursprung der Familie, des Privateigentums und des Staats*. Berlin: Dietz Verlag.

Foley, D. K. (1986). *Understanding Capital: Marx's Economic Theory*. Cambridge, MA: Harvard University Press.

Foster, J. B. (2000). *Marx's Ecology: Materialism and Nature*. New York: Monthly Review Press.

Fraser, N. (1997). *Justice Interruptus: Critical Reflections on the "Postsocialist" Condition*. New York: Routledge.

Fromm, E. (1961). *Marx's Concept of Man*. New York: Frederick Ungar Publishing.

Gramsci, A. (1971). *Selections from the Prison Notebooks*. New York: International Publishers.

Hall, S. (1980). *Culture, Media, Language: Working Papers in Cultural Studies, 1972-79*. London: Routledge.

Harvey, D. (2003). *The New Imperialism*. Oxford: Oxford University Press.

Harvey, D. (2010). *The Enigma of Capital and the Crises of Capitalism*. Oxford: Oxford University Press.

Harvey, D. (2014). *Seventeen Contradictions and the End of Capitalism*. Oxford: Oxford University Press.

Heinrich, M. (2012). *An Introduction to the Three Volumes of Karl Marx's Capital*. New York: Monthly Review Press.

Horkheimer, M., & Adorno, T. W. (1944). *Dialektik der Aufklärung: Philosophische Fragmente*. Amsterdam: Querido Verlag.

Hunt, T. (2009). *Marx's General: The Revolutionary Life of Friedrich Engels*. New York: Metropolitan Books.

Jessop, B. (1982). *The Capitalist State: Marxist Theories and Methods*. Oxford: Martin Robertson.

Kautsky, K. (1919). *Terrorismus und Kommunismus: Ein Beitrag zur Naturgeschichte der Revolution*. Wien: Verlag der Wiener Volksbuchhandlung.

Laclau, E. (1996). *Emancipation(s)*. London: Verso.

Laclau, E., & Mouffe, C. (1985). *Hegemony and Socialist Strategy: Towards a Radical Democratic Politics*. London: Verso.

Lenin, V. I. (1917/1972). *Staat und Revolution: Die Lehre des Marxismus vom Staat und die Aufgaben des Proletariats in der Revolution*. Berlin: Dietz Verlag.

Lukács, G. (1923/1971). *Geschichte und Klassenbewusstsein: Studien über marxistische Dialektik*. Neuwied: Luchterhand.

Lyotard, J.-F. (1979). *La Condition Postmoderne: Rapport sur le savoir*. Paris: Les Éditions de Minuit.

Mandel, E. (1972). *Late Capitalism*. London: New Left Books.

Marcuse, H. (1964). *One-Dimensional Man: Studies in the Ideology of Advanced Industrial Society*. Boston: Beacon Press.

Marx, K. (1844/1964). *Ökonomisch-philosophische Manuskripte*. Berlin: Dietz Verlag.

Marx, K. (1859/1971). *Zur Kritik der politischen Ökonomie*. Berlin: Dietz Verlag.

Marx, K. (1867/1976). *Das Kapital: Kritik der politischen Ökonomie. Erster Band*. Berlin: Dietz Verlag.

Marx, K., & Engels, F. (1846/1970). *Die deutsche Ideologie*. Berlin: Dietz Verlag.

Marx, K., & Engels, F. (1848/1998). *Manifest der Kommunistischen Partei*. Berlin: Dietz Verlag.

McLellan, D. (2006). *Karl Marx: A Biography*. London: Palgrave Macmillan.

Miller, E. (2010). *Solidarity Economy: Key Concepts and Issues*. Amherst: Center for Popular Economics.

Mészáros, I. (1995). *Beyond Capital: Towards a Theory of Transition*. New York: Monthly Review Press.

Mouffe, C. (2000). *The Democratic Paradox*. London: Verso.

Poulantzas, N. (1973). *Political Power and Social Classes*. London: New Left Books.

Scholz, T. (2016). *Platform Cooperativism: Challenging the Corporate Sharing Economy*. New York: Rosa Luxemburg Stiftung.

Sperber, J. (2013). *Karl Marx: A Nineteenth-Century Life*. New York: Liveright Publishing.

Sweezy, P. M. (1942). *The Theory of Capitalist Development*. New York: Monthly Review Press.

Sweezy, P. M. (1949). *Socialism*. New York: Monthly Review Press.

Wallerstein, I. (2004). *World-Systems Analysis: An Introduction*. Durham: Duke University Press.

Wheen, F. (1999). *Karl Marx: A Life*. New York: W.W. Norton & Company.

Wright, E. O. (2010). *Envisioning Real Utopias*. London: Verso.

www.ingramcontent.com/pod-product-compliance
Lightning Source LLC
Chambersburg PA
CBHW030044230526
45472CB00005B/1674